rten VOR'M HASENBERG Westrich Einigkeit Flora FRÖHLICHE MORGENSONNE Kleingart
Holunderbusch Zum Dreieck Am Klinkerweg BRÜCKELGRABEN Am Anger neter
H Veilchen Herrenhorst 1988 Alfred Vissel Am Frischborn Am Peuntweg WALD
Erholung Mörswiese Oedheim Am Russengrab Gute Hoffnung Gold chen
raue In der Gabel VOGELSANG Am Hundehof Zinsgraben II G Sc
Sonnenthal Krähenbusch Kaltbachtal Sonnenschein AM GÜTERRING Stelz eyblick
SCHÖNE AUSSICHT Schortental Tanneck An der Dranse Am Wiesensee Erholung Reihergrund
Schnepfenberg Boschberg Dauerkleingartenanlage Freiheit Berkaer Blick Am Walpertal »Freude« von 1922
An den Rheinkribben Am Schwarzen Weg Vor St. Gereon Kaulsdorfer Busch MORGENROT Neues Leben
erg VOGELSANG Obstbau Wersetal Ost Im Pattenmeicheln Bau Waldwinkel Horstring Groß Je
schönberg Goldene Perle Wiesenburg AUF DER HARTH Am Walpertal Heideblick Aus eigener Kraft
Fortschritt Pleißenthal Eintracht Wilchwitz Im Plackengrund Am Volkspark Schinderbronnen Am Storche
telkrug Düsseldorf Zaunkönig Am Peckhausweg Am Adlergestell Blattlaus Tanneneck FROHE STUNDE
Eldenholz Am Waldrand Auf der Bach Klarhorst Sieben Hügel Berliner Bär Bärenkämpen Straße vor Schö
TE ZIEGELEI Obere Wenscht Am Schloßwald Böckerhof Eggeblick Am Wasserberg Liebsdorfer Teich
h Hansa Birkenhain KLARHORST Welle Waldesruh Eintracht C GUTE HOFFNUNG Am Pöhlberg
Spreeufer Abendfrieden Am Weideneck Am Forstweg Am Stadtpark Sorgenfrei Sonnenhang Baumweg
Scherberg Verein der Kleingärtner Spechtberg II GLÜCK AUF Flora Vor St. Gereon Am Werder Frieden Morg
Auf der Harth Zum Dreieck Am Storchennest Ährenfeld Bornhügel Am Schloßwald Klostergärten Fröhlic
ts Eichen Zur Schule 1920 Gartenfreunde Klondyke Lichtwiese Finkenbrunn Märchenland Winterzeit
ltona Nord II Wienerburg Schönefeld Naturheilverein »Huckel« Frankenhausen Katzenberger Weg Am Anger II
weg München Riem Vor'm Hasenberg Alte Sternwarte Grüne Ecke Johannestal Wickenweg Am Dummerswei
Vor'm Hasenberg Westrich EINIGKEIT Flora Fröhliche Morgensonne Kleingartensparte 902 Frohe Arbeit Im M
Dreieck AM KLINKERWEG Brückelgraben Am Anger II Grüffkamp Rönneter WERBELLINBECKEN Helios
sel Am Frischborn Am Peuntweg An den 17 Eichen AM WALD Bienenheim Lackenbach Am Anger BAU
g Goldene Sonne Am Pappelwäldchen Eichelwiese Rehberge SO 59 NO 26 NO 53 NW 63
WINKEL Küchengarten Schwaigerau Elsterwehr Hinter dem Loh Fröhliche Morgensonne Otto Hue Am Oe
Bahnstraße Ardeyblick Fließwinkel Stadion Pilatus Kall An der Schule Grüne Aue An den Steegen
Herne-Nord Kaulsdorfer See Wuhleblick Kressenweg Grönland Am Schatzenstein Am Schnepfen
eundschaft ARBEIT UND FREUDE Margaretenhohe-Nord Kleefeld Freizeit An den Rheinkribben Am Schwarze
m Nattbach Eckersbacher Höhe Lichte Höhe Jeschkenblick Klingenberg Vogelsang Obstbau Wersetal Ost
ardiweg Am Jagdweg Nieder- und Kleinneuschönberg Goldene Perle Am Walpertal

Mein Stück vom Glück

fannenstiel Am Flöddert Fortschritt Pleißenthal Am Volkspark
Rolle Rad Im Mittelkrug Düsseldorf ZAUNKÖNIG Am Peckhausweg Am Adlergestell Blattlaus TANNENECK
Am Waldrand Auf der Bach Klarhorst Sieben Hügel Berliner Bär Bärenkämpen Straße vor Schönholz Elm
nscht Am Schloßwald Böckerhof Eggeblick Am Wasserberg Liebsdorfer Teich Batzenhäusle Entenschnabel
ldesruh Eintracht C GUTE HOFFNUNG Am Pöhlberg West Goldstein Louisenlust Neue Niers Zinsgrab

VICTORIA STRACHWITZ
ANGELIKA ZIEBART

Mein Stück vom Glück

DIE VERBORGENEN PARADIESE DER KLEINGÄRTNER

QUADRIGA

INHALT

Los Angeles
Vancouver
Umeå
Lübeck
Torgelow
Hamburg
Berlin
Bielefeld
London
Dortmund
Witten
Kassel
Leipzig
Meißen, Weinböhla
Siegen
Bonn
Dresden
Koblenz
Frankfurt
Erlangen
Paris
Stuttgart
München
Starnberg,
Herrsching
Trostberg
Basel
Innsbruck
Bern

DEUTSCHLANDS KLEINGÄRTEN

UND EIN BLICK ÜBER DEN ZAUN

Fünf Prozent der deutschen Bevölkerung sind Kleingärtner. Sie sind organisiert in Vereinen und Verbänden auf Kreis-, Bezirks-, Landes-, Bundes- und schließlich auch auf internationaler Ebene. Sie betreiben starken Lobbyismus, wenn es um ihre Rechte als Kleingärtner geht. Wenn wichtige Entscheidungen getroffen werden, bestimmen sie mit. Es ist an der Zeit herauszufinden, wer DER Kleingärtner ist, warum er seinen Garten hat und was wir – als Gesellschaft – davon haben. Dafür sind wir auf Erkundungstour gegangen, sind quer durch Deutschland gefahren und haben auch den ein oder anderen Abstecher ins Ausland gemacht, waren auf dem Bundeskleingartenkongress, im ersten Schrebergarten, im Kleingartenmuseum und in vielen, vielen Kleingärten. Manche Anlagen hatten einen Namen, manche nicht; manche hatten Zäune, manche nicht. Aber alle hatten ihre eigene Geschichte.

VORWORT

Liebe Leserin, lieber Leser,

»Für den einfachen Menschen besteht das Leben nicht aus ›Ismen‹, sondern aus Essen, Schlafen, Fußballspielen, Kanarienvögeln, Schrebergarten und anderen schönen Dingen«, schrieb Willy Brandt während der politisch bewegten Zeiten seines skandinavischen Exils.

Bis heute ist der »Schrebergarten« in unserem Sprachgebrauch erhalten. Wahlweise ist vom Kleingarten und in Bezug auf die Nutzer von den »Laubenpiepern« die Rede. Kommen diese Zuschreibungen bisweilen etwas bieder oder abschätzig daher, haben die Kleingärten und ihre Besitzer mehr verdient als kurzweilige Vorverurteilungen.

»Kleingärten feiern ihre Renaissance«, schreiben die beiden Autorinnen Victoria Strachwitz und Angelika Ziebart. Und sie haben recht! Fast zwei Drittel der Pächter, die einen Kleingarten seit dem Jahr 2000 erwarben, sind jünger als 55 Jahre. Viele junge Familien und junge Menschen erleben das grüne Biotop als Ort der naturkundlichen Bildung für ihre Kinder und als Erholungsstätte vom Alltag. Trotzdem stellt sich in der Zukunft die Kernfrage, wie die Kleingärten für junge Menschen attraktiv bleiben. Zusätzlich sollen die Anlagen weiterhin ihren Stellenwert mit Blick auf die städtebaulichen, ökologischen und sozialen Anliegen erfüllen.

Das Verdienst dieses Buches ist es, erstmals die verschiedenen Facetten dieses grünen Idylls in ausdrucksstarken Bildern einzufangen. Die Bilder illustrieren eindrucksvoll, wie viel Individualität sich hinter dem Gartenzaun verbirgt.

Aus eigener Erfahrung weiß ich, wie vielschichtig das Kleingartenwesen ist. Im Rahmen meiner Dissertation in den 1990er-Jahren war ich stets und ständig Gast in zahlreichen Anlagen meiner Heimatregion Halle (Saale), und dabei habe ich eines gelernt: »Den« Klein- oder Schrebergärtner gibt es nicht. Wenn alle Kleingärtner etwas miteinander verbindet, so sind es die Naturverbundenheit, die Gemeinschaft und die Freiheit, verstanden als »Unabhängigkeit von äußerem, innerem oder durch Menschen oder Institutionen bedingtem Zwang«, so die Autorinnen.

Das Buch ist eine Einladung an alle, die glauben, hinter den Gartentoren verberge sich die immer gleiche »Spezies Mensch« – das Gegenteil ist der Fall. Kleingärten sind ein Biotop des gesellschaftlichen Lebens und des Miteinanders.

In Kleingärten trifft man – ganz in Willy Brandts Gedanken – vor allem Menschen, die gern auf das einfache Leben zurückkommen, sich eine Auszeit vom Alltag nehmen und sich darauf besinnen möchten, dass es oftmals nicht allzu viel braucht, um im Leben glücklich zu sein.

Eine angenehme Lektüre wünscht
Dr. Karamba Diaby

Zur Person: Karamba Diaby (geb. 1961) ist studierter Chemiker und promovierter Geoökologe. Seine Doktorarbeit befasste sich mit »Untersuchungen zum Schwermetall- und Nährstoffhaushalt in Halleschen Kleingartenanlagen – ein Beitrag zur geoökologischen Charakteristik der Stadtregion Halle« (1996). Seit 2013 ist der Hallenser Mitglied des Deutschen Bundestages in der SPD-Bundestagsfraktion.

DES GLÜCKES SCHMIED

Die kleine Tür fällt ins Schloss. Es gibt viel zu tun. Unkraut jäten, Äpfel pflücken, Hecken stutzen. Dafür bleiben die Sorgen draußen. Denn hier, im Schrebergarten, wohnt die Sorglosigkeit. Und die Freiheit. Hier scheint die Sonne. Der Alltag ist aufgeschoben. Selbstbestimmung, Fantasie und Tatkraft stehen auf der Tagesordnung. Die Maschine wird wieder zum Menschen. Das Leben hat einen Sinn. Kleingärtner haben den Schlüssel zum Glück gefunden. Sie nehmen ihr Glück selbst in die Hand. Sie gönnen sich ein Paradies auf Erden. Sie verstehen es, den Alltag auszusperren. Hinter ihrem Zaun sind sie vor allem eines: sicher und geborgen. Hier spüren sie, was Gemeinschaft heißt – selbst wenn sie nur das ureigene Ziel nach Selbstverwirklichung verfolgen.

Kleingärtner sollten beneidet werden, doch werden sie noch oft belächelt. Gemeinhin finden sie ihren Platz in der Schublade der kleinkarierten Spießer, pingeligen Erbsenzähler und misstrauischen Eigenbrötler. Da gehören sie nicht hin. Die meisten von ihnen sind herzlich und offen. Sie stecken all ihre Zuneigung in ihren Garten – da sind sie sehr genau – und bespicken ihn mit liebevollen Details. Das macht sie glücklich. Ihre Schollen sehen von außen vermeintlich gleich aus. Klar – auch Kleingärtner haben ihr Einrichtungshaus. Doch ein genauer Blick, ein Gespräch lässt die Liebe, die hinter der Anordnung der Utensilien von der Stange der Baumärkte steckt, erkennen. Diese Zuneigung, dieses Sich-ganz-in-die-Arbeit-Vertiefen hilft den Kleingärtnern beim Regenerieren. Und das Glück, das sie dadurch empfangen, tragen sie in die Welt. »Was der einzelne aufbaut, genießt die Gesellschaft, was diese aufbaut, der einzelne«, erklärte Gerhart Hauptmann bereits 1932 in seiner Festansprache zur Eröffnung der Berliner Sommerschau »Sonne, Luft und Haus für Alle!«.

Wir wollten es genauer wissen und haben uns auf eine Reise begeben, die uns bis dahin verborgene Welt des Kleingartens zu erkunden. Wir wurden nicht enttäuscht. Kleingärtner machen es richtig. Sie schaffen sich eine Oase des Glücks, ein Rückzugsgebiet, das sie zu verteidigen wissen.

Das haben nicht nur wir gemerkt. Dieses Hochgefühl greift um sich. Gärtnern ist jetzt voll im Trend. Und es hat eine neue Ebene erreicht. Vereinsmeierei muss nicht mehr sein. Gärtnerei ist nicht mehr zwingend ein Hort der Privatheit. Guerilla Gardening, Saatbomben und Urban Gardening sind angesagt. Die Städte werden grüner und bunter. Die Bürger warten nicht, bis Brachland begrünt oder bebaut wird, und auch nicht, bis ihnen eine Parzelle in einer Kleingartenanlage zugeteilt wird. Sie pflanzen einfach. Weil es Spaß macht. Sehen Sie selbst!

Angelika Ziebart & Victoria Strachwitz

SCHREBERGÄRTEN

Kleine, außerhalb der Wohngebiete gelegene Gartenparzellen, meist mit Laube, zur Selbstversorgung mit Gemüse, Obst und Schnittblumen.

ICE

SCHÖNE AUSSICHT

KLEINGARTENANLAGE STELZENBAU,
STUTTGART

Rechts und links der kleinen Anlage brettern die Züge vorbei. Die Parzellen liegen zwischen Haupt- und Nordbahnhof in einem Meer von Gleisen. Der Bahnsteig des S-Bahnhofs Nord ist nur zwanzig Meter entfernt. Dass es sich bei den Pächtern um Bahnangestellte handelt, ist unschwer zu erkennen. Der Lärm der vorbeirauschenden Züge irritiert sie nicht. Sie wissen genau, wo die Züge hinfahren, ob es sich um S-Bahn, IR oder ICE handelt. Die gärtnerischen Accessoires stammen aus Bahnbestand. An rot-weiß gestreiften Stangen ranken die Rosen empor, ausrangierte Zugfenster wurden zu Gewächshäuschen.

WIR MÜSSEN LEIDER DRAUSSEN BLEIBEN

OHNE NAMEN, GERMERING

Entgegen aller gemeinen Vorurteile steht in dieser Anlage niemand am Zaun, um gegen seinen Nachbarn zu wettern. Geht auch gar nicht. Innerhalb dieser Anlage wurde auf Zäune verzichtet. Das Paradies kennt keine Grenzen. Auf eine Tür verzichten die Kleingärtner jedoch nicht. Jede Parzelle hat ihren eigenen Eingang, vor den meisten liegen Fußmatten. Nicht nur die Sorgen sollen beim Hereintreten abgeschüttelt werden. Was Dreck macht, bleibt draußen – dazu gehören auch Hunde. Die Grenzen zwischen den Gärten sind mit Blumen gekennzeichnet. Zwischenmenschlich ist hier alles im Reinen. Diese Kleingärten dienen dem friedlichen Zeitvertreib.

70

PARADIES

(griech.-lat.) Umfriedeter Garten. Religionsgeschichtlich weltweit verbreitete Vorstellung von einer urzeitlichen Stätte der Ruhe, des Friedens und des Glücks, deren Wiederherstellung in der Endzeit erwartet wird.

PLATT GEMACHT

KLEINGARTENANLAGE
ABENDFRIEDE, BONN

Diese Anlage liegt im Autobahnkreuz Bonn-Nord. Im Internet rühmt sich der Verein damit: Es macht ihn zu etwas Besonderem. Der Verein hat dafür gekämpft, dass die Gärten nicht durch eine Autobahn ersetzt werden. Zur Hälfte ist es ihm gelungen. Aber: Die Anlage wurde verkleinert. Der Antrag auf eine Schallmauer ist nicht durchgegangen. Die Atmosphäre gleicht der einer Autobahnraststätte. Die Lärmbelästigung ist konstant. Ob Obst und Gemüse gesund sind, da sind sich die Gartenfreunde nicht mehr so sicher. Die Bedenken hindern sie jedoch nicht am Anbau und Verzehr.

GEMÜTLICH

Eine angenehme,
behaglich-zwanglose
Atmosphäre schaffend.

GRÜN IST ALLE THEORIE

BUNDESKLEINGARTEN-KONGRESS 2004, LEIPZIG

Die Stimmung ist gut. Die Menschen sind freundlich. Der durchschnittliche Kleingärtner ist nicht unter den Kongressteilnehmern. Er weiß nichts von der Veranstaltung und gießt lieber seine Blumen. Die wissenschaftliche Komponente seines Freizeitvergnügens interessiert ihn nicht. Der Kleingärtner befasst sich nicht mit sich selbst. Deswegen sind heute nur Verbandsfunktionäre hier. Sie lauschen aufmerksam den Grußworten hoher Politiker. Und davon gibt es einige. Das dauert. Danach folgen Reden – wieder Politiker. Den Anwesenden wird das Gefühl vermittelt, Einfluss nehmen zu können. Einfluss haben die Kleingärtner auch. Ihr Sprachrohr ist der Verband. Wenn die Bundesregierung dem arbeitslosen Kleingärtner mit dem Entzug seines Gartens droht, schreitet der Verband ein – meist erfolgreich.

DAS GESETZ DES GARTENS

AUSZUG AUS DEM BUNDESKLEINGARTENGESETZ (BKLEING)

§ 1 Begriffsbestimmungen

(1) Ein Kleingarten ist ein Garten, der

1. dem Nutzer (Kleingärtner) zur nichterwerbsmäßigen gärtnerischen Nutzung, insbesondere zur Gewinnung von Gartenbauerzeugnissen für den Eigenbedarf, und zur Erholung dient (kleingärtnerische Nutzung) und

2. in einer Anlage liegt, in der mehrere Einzelgärten mit gemeinschaftlichen Einrichtungen, zum Beispiel Wegen, Spielflächen und Vereinshäusern, zusammengefasst sind (Kleingartenanlage).

zu 1.: BGH III ZR 281/03 c): In der Regel ist wenigstens ein Drittel der Fläche für den Anbau von Gartenerzeugnissen für den Eigenbedarf zu nutzen.

§ 3 Kleingarten und Gartenlaube

(1) Ein Kleingarten soll nicht größer als 400 Quadratmeter sein. Die Belange des Umweltschutzes, des Naturschutzes und der Landschaftspflege sollen bei der Nutzung und Bewirtschaftung des Kleingartens berücksichtigt werden.

(2) Im Kleingarten ist eine Laube in einfacher Ausführung mit höchstens 24 Quadratmetern Grundfläche einschließlich überdachtem Freisitz zulässig; die §§ 29 bis 36 des Baugesetzbuchs bleiben unberührt. Sie darf nach ihrer Beschaffenheit, insbesondere nach ihrer Ausstattung und Einrichtung, nicht zum dauernden Wohnen geeignet sein.

§ 6 Vertragsdauer

Kleingartenpachtverträge über Dauerkleingärten können nur auf unbestimmte Zeit geschlossen werden; befristete Verträge gelten als auf unbestimmte Zeit geschlossen.

ORDNUNG

Die Prinzipien der O. beruhen entweder auf dem Glauben an ihre natürl. Notwendigkeit bzw. ihre Zweckmäßigkeit zur Verwirklichung bestimmter Interessen und Ziele, oder sie ist das Ergebnis unreflektierter Tradition.

HEINZ

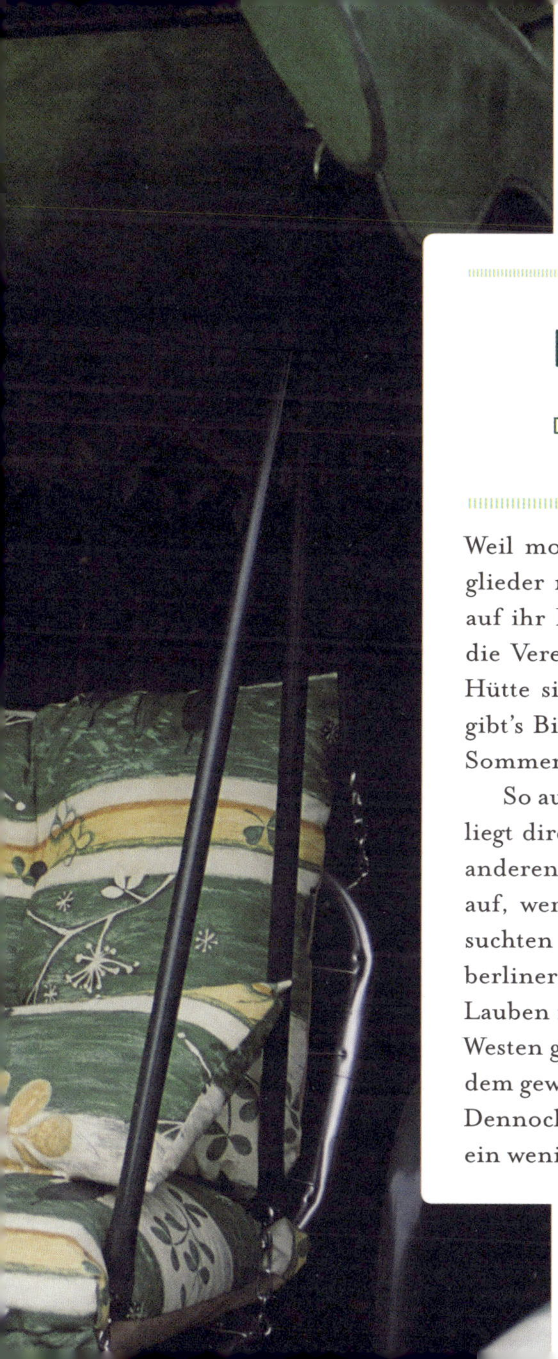

EIN HERRENGEDECK

DAUERKLEINGARTENANLAGE FREIHEIT, BERLIN

Weil montags das Vereinsheim geschlossen hat, suchten die Mitglieder nach einer Lösung, um auch an diesem Wochentag nicht auf ihr Bier verzichten zu müssen. Seit einiger Zeit hält deshalb die Vereinswerkstatt als »Montagsbaude« her. Am Tisch vor der Hütte sitzen Frauen vor einem Herrengedeck: Für fünfzig Cent gibt's Bier und Schnaps. Die Männer werben für das anstehende Sommerfest: »Da müssen Sie kommen, da brennt die Luft.«

So ausgelassen war die Stimmung hier nicht immer. Die Anlage liegt direkt an der Grenze zu Berlin-Treptow, Ostberlin. Auf der anderen Seite liegen auch Kleingärten. Vor Jahren passte die DDR auf, wer in den grenznahen Gebieten verkehrte, manchmal versuchten dennoch welche zu fliehen. Die Laubenpieper auf Westberliner Seite haben zu diesem Thema einiges zu berichten. Es soll Lauben mit Einschusslöchern geben. Einmal habe es einer in den Westen geschafft. Die Kleingärtner aus der Neuköllner Anlage mit dem gewichtigen Namen »Freiheit« hätten ihn wärmstens begrüßt. Dennoch werden die Kleingärten im östlichen Treptow noch heute ein wenig skeptisch betrachtet.

Montags-
Baude

GEMEINSCHAFT

Ein sozialer Zustand instinktiver, gewohnheitsbedingter bzw. ideenbezogener Gemeinsamkeit, auf Neigung, Liebe, »innerer« Verbundenheit beruhend.

89
Landbier

BLUME

Schaum frisch eingeschenkten Bieres. Volkstüml. Bez. für blühende Pflanzen, bes. für die einzelnen Blütenstängel mit Blüte oder Blütenstand.

VERDIENTES GLÜCK

DEGUSSA MITARBEITERGARTEN, TROSTBERG

Die Mitarbeiter der Degussa in Trostberg nennen eine besondere Form der Kleingärten ihr Eigen. Ihr Anspruch auf einen Garten ist an die Mitarbeit im Unternehmen geknüpft. Früher sollten die Gärten Anreize schaffen, gut zu arbeiten. Dann gab es eine Welle von Kündigungen. Wer frühpensioniert wurde, durfte seinen Garten behalten. Kleingärten sind beliebt bei Frührentnern. Nur dreiunddreißig Prozent der Kleingärtner in Deutschland sind erwerbstätig. Das Durchschnittsalter der deutschen Kleingärtner liegt bei sechzig Jahren. Auch bei Arbeitslosen finden die Gärten großen Anklang. Acht Prozent der Kleingärtner sind arbeitslos. Sie behalten durch das Leben im Verein den sozialen Anschluss.

GLÜCK

Das Eins-Sein mit seinen Hoffnungen, Wünschen, Erwartungen; als Ziel individuellen Handelns in der Philosophie seit der Antike viel diskutiert.

LANGNESE
LANGNESE
BECK'S
BECK'S

ERHOLUNG

Wiederherstellung der normalen Leistungsfähigkeit nach einer Ermüdung oder wieder aufhebbaren, krankhaften Schädigung.

SPITZELALARM

OHNE NAMEN, FRANKFURT

Diese Anlage ist bereits vom Bahnhof aus zu sehen. Allerdings verbirgt sie sich hinter einem hohen Zaun. Das Tor ist verschlossen. Das ist ungewöhnlich. Vor der Anlage stehen zwei, drei Autos. Wir läuten – ja, es gibt hier sogar eine Klingel. Nach einer Weile kommt jemand, er ist freundlich, aber zurückhaltend. Vorsichtshalber holt er den Vereinsvorstand. Wir werden begutachtet und nach unserem Anliegen befragt. Das Umweltamt hat kürzlich Ärger gemacht. Eine junge Beamtin habe sich eingeschlichen, um zu überprüfen, ob die Bestimmungen des Bundeskleingartengesetzes eingehalten werden. Sie tat so, als wollte sie nur die Anlage anschauen. Dann musste sie aufs Klo. Man führte sie hin. Ein paar Tage später war die Anzeige da. Ein Klo dieser Form entspreche nicht dem Gesetz. Der Zusammenhalt der Gärtner ist gewachsen. Der Verbund nach außen ist stark. Die kleinen internen Querelen fast vergessen.

SPIELPLAN

Tritt näher
er ist kürzer
als Du denkst

Freistaat
Bayern

FREIHEIT

Unabhängigkeit von äußerem, innerem oder durch Menschen oder Institutionen (Staat, Gesellschaft, Kirche usw.) bedingtem Zwang.

... UND ENDLICH DAS KLISCHEE

KLEINGARTENVEREIN MENAGERIE-GÄRTEN E.V., DRESDEN

Sie nennen ihn den »Gartenzwerg von der Drei-Brettl-Ranch«. Er ist Mitte sechzig. Seinen Namen hat er, seitdem die »Morgenpost« über ihn berichtete. Er fand sich abgebildet neben seinem Gartenzwerg. Den Spaß hat er nicht verstanden und den daraufhin angestrebten Prozess gewonnen. Er ist bemerkenswert freundlich, gar offen und bittet uns herein in seine Laube. Der Sechzigjährige hat mehrere Gartenzwerge. Sogar einen mit Licht. Auch ein Teich fehlt nicht. Die Laube hat er so gut wie selbst gebaut. Sie hat eine großzügige Veranda, vier Zimmer, eine Dusche, einen Fernseher, eine Stereoanlage und ist voll von liebevollen Details. Früher nächtigte er dort in einem Biedermeierbett. Dann kam das Hochwasser von 1998 und schwemmte die Hütte weg. Mit Geld aus dem Flutopferfonds kaufte er sich eine Einbauküche. Das Bett ersetzte er durch eine große Luftmatratze. Um den Stil zu wahren, hängt ein Van-Gogh-Poster darüber.

LUXUS

(lat.) Üppige Fruchtbarkeit.

MOIN …!

KLEINGARTENVEREIN »FREUDE«
VON 1922 E.V., HAMBURG

Entlang des Bahndamms Barmbek zeigt sich ein Fahnenmeer aus Stadtwappen, Schwarz-Rot-Gold-Flaggen und Formel-Eins-Logos bekennender Schumacher-Fans. Auch einige türkische Fahnen wehen in der Brise. Ein Blick auf die Namensschilder der Kolonie »Freude« zeigt: Der Schrebergarten ist längst kein nationales Phänomen mehr. Auch bei Özgürs schauen die Gartenzwerge der Großfamilie bei der Kartoffelernte zu. Der Schrebergarten als Hort der kulturellen Integration? Die internationalen Kleingärtner erwecken den Anschein. Sie grüßen freundlich mit »Moin!« – gar nicht reserviert. Es gibt auch viele Gartenzwerge. Zweiundzwanzig auf zwanzig Parzellen haben wir gezählt. Die Gartenzwerge haben hier wohl noch nicht so hoch springen gelernt, wie uns ein Anwohner berichtet. Im nahe gelegenen Gartenpark Haidlanden seien im vergangenen Jahr quasi über Nacht alle Zipfelmützen verschwunden.

HEIMAT

Subjektiv von einzelnen Menschen oder kollektiv von Gruppen, Stämmen, Völkern, Nationen erlebte territoriale Einheit, zu der ein Gefühl besonders enger Verbundenheit besteht.

UNKRÄUTER

Unerwünschte Pflanzen in Nutzpflanzenbeständen; Stauden oder ein- bis zweijährige Kräuter, die mit den Nutz- beziehungsweise Zierpflanzen um Bodenraum, Licht, Wasser und Nährstoffe konkurrieren und damit deren Ertrag mindern.

DIE SCHNIPPEL-GIRLS

DAUERKLEINGARTENANLAGE
FREIHEIT, BERLIN

Seit fünf Jahren machen sich die Kleingärtnerinnen der Anlage ehrenamtlich nützlich. Sie nennen sich die »Schnippelgirls«. Sie stricken, häkeln und basteln, organisieren Sommerfeste und Weihnachtsfeiern und verkaufen die Handarbeit. Die Kleingärtnerinnen haben Zeit und wissen sie zu nutzen. Der Erlös kommt den Kindern zugute. Inzwischen hat die Kolonie einen Spielplatz, einen Basketballkorb und eine Tischtennisplatte. Das zieht junge Familien an. Als Pächter und Besucher. In Reichweite der Hochhaussiedlung befindet sich jetzt ein gut gepflegter Park mit einem Spielplatz und lustigen Sommerfesten. Das gibt dem Stadtteil Kraft und Freude, sagen die Schnippelgirls.

WOHLSTAND

Begütertsein, gute Vermögenslage, hoher Lebensstandard.

EIN UNERWARTETES GESTÄNDNIS

KLEINGARTENANLAGE ABEND-FRIEDE, BONN

»Wenn Gelb vorherrscht, dann ist Herbst. Dann klotzt man noch mal ran.« Die Glocke am Gartentor wird stürmisch geläutet. »Mittags, da kochen die immer.« Keiner macht auf. »Wir finden noch jemanden, der Ihnen was erzählen kann, ich bin nicht der Richtige, ich hab mich nie so interessiert.« Geschäftigkeit macht sich breit. Der Kleingärtner hat mehr zu erzählen, als er denkt. Er liebt seinen Garten, weil er da auch mal nackig in der Sonne liegen kann, weil er weiß, wohin, wenn's heiß ist, weil er gerne Sport macht und Gartenarbeit Knochenarbeit ist, und, vor allem, weil sein Garten ihm eine Beschäftigung gibt. Bei Wind und Wetter ist er da – für seinen Garten und für seine Freunde. Er grüßt die, die vorbeikommen, und sie grüßen ihn. Der Verein ist sein Zuhause, er bemitleidet die, die in ihrem Zuhause mit der Dose Bier vor dem Fernsehen verstummen.

PARZELLE

frz., zu lat. Particula »Teilchen«, veraltet für Flurstück.

LAUBE

*Zu althochdeutsch »louba«
(aus Laub gefertigtes) Schutzdach,
Hütte; überdeckter Sitzplatz im
Garten; kleines, leichtes Gartenhaus.*

NUR KEINE WURZELN SCHLAGEN

URBANES GÄRTNERN, TEMPELHOFER FREIHEIT, BERLIN

Bloß nicht allzu sehr verwurzeln! Hier gilt das für Blumen wie für Menschen. Urbanes Gärtnern ist voll im Trend, und das nicht ohne Grund. Die Blumen in Tempelhof stehen auf dem Feld und stecken doch nicht in der Erde. Ihre Heimat sind mobile Hochbeete – jederzeit zu entfernen. Wer jetzt und sofort mit dem Gärtnern loslegen und eventuell ebenso schnell wieder damit aufhören möchte, ist hier genau richtig. Hier werden einzelne Beete beackert, nicht ganze Parzellen. Hier herrscht mehr Freiheit als im Schrebergarten, aber hier wird auch mehr geklaut und zerstört. Alles scheint allen zu gehören. Jeder ackert, wie er will, und nimmt, was er braucht. Anders als in Kleingärten wird das Gärtnern nicht als Rückzug ins Private verstanden, sondern als Gemeinschaftserlebnis. Wo vor nicht allzu langer Zeit noch Flugzeuge starteten, kann jetzt Petersilie geerntet werden. Das feiern die Leute im Kiez.

INSEKTENHOTEL

STADT

NATUR

Die uns umgebende, vom Menschen nicht geschaffene Welt und die ihr innewohnende Schöpferkraft.

KRAUT & GEMÜSE
für die, die gelegentlich
gießen

SAATBOMBEN STATT TRETMINEN

GUERILLA GARDENING,
MÜNCHEN

In Deutschlands Städten tobt der Krieg. Die Kampfzone weitet sich aus. Die Guerillakämpfer erfahren großen Zuspruch. Sie legen Bomben bei Nacht und Nebel – Saatbomben. Sie machen sich den öffentlichen Raum untertan. Sie sind bewaffnet mit Schaufeln, Samen und allem, was sich als Blumenbeet eignen würde. Das kann schon mal ein ausrangierter Hamsterkäfig sein. Was also tun? Gießen und genießen! Veilchen, Sonnenblumen und Basilikum breiten sich aus. Plattgetretene Grünstreifen entlang des Gehwegs erwachen in neuer Blüte. Hundehaufen, die dort bislang als Tretminen drohten, müssen, in Säckchen verpackt, in Tonnen abgelegt werden. Es grünt und blüht auf öffentlichem Grund. Die geheimen Saatbomben-Leger, sie leben hoch!

FERIENTAG EINES UNPOLITISCHEN

VON ERICH WEINERT

Der Postbeamte Emil Pelle
Hat eine Laubenlandparzelle,
Wo er nach Feierabend gräbt,
Und auch die Urlaubszeit verlebt.

Ein Sommerläubchen mit Tapete,
Ein Stallgebäude, Blumenbeete,
Hübsch eingefaßt mit frischem Kies,
Sind Pelles Sommerparadies.

Zwar ist das Paradies recht enge,
Mit 15 Meter Seitenlänge;
Doch pflanzt er seinen Blumenpott
So würdig wie der liebe Gott.

Im Hintergrund der lausch'gen Laube
Kampieren Huhn, Kanin und Taube
Und liefern hochprozentigen Mist,
Der für die Beete nutzbar ist.

Frühmorgens schweift er durchs Gelände
Und füttert seine Viehbestände.
Dann polkt er am Gemüsebeet,
Wo er Diverses ausgesät.

Dann hält er auf dem Klappgestühle
Sein Mittagschläfchen in der Kühle.
Und nachmittags, so gegen drei,
Kommt die Kaninchenzüchterei.

Auf einem Bänkchen unter Eichen,
Die noch nicht ganz darüber reichen,
Sitzt er, bis daß die Sonne sinkt,
Wobei er seinen Kaffee trinkt.

Und friedlich in der Abendröte
Beplätschert er die Blumenbeete
Und macht die Hühnerklappe zu.
Dann kommt die Feierabendruh.

Dann haut er sich auf die Matratze,
Die Schafskopfhörer um die Glatze,
Und lauscht verträumt und etwas doof
Der Tanzmusik im Kaiserhof.

Er denkt: »Was kann mich noch gefährden!
Hier ist mein Himmel auf der Erden!
Ach so ein Abend mit Musik,
Da braucht man keine Politik!

Die wirkt nur störend in den Ferien,
Wozu sind denn die Ministerien?
Die sind doch dafür angestellt,
Und noch dazu für unser Geld!

Ein jeder hat sein Glück zu zimmern!
Was soll ich mich um andre kümmern?«
Und friedlich, wie ein Patriarch,
Beginnt Herr Pelle seinen Schnarch.

EIN BLICK ÜBER DEN ZAUN

ALL INCLUSIVE

KLEINGARTENANLAGE AM FÜRSTENWEG, INNSBRUCK, ÖSTERREICH

Wireless-LAN, Strom und fließend Wasser in jeder Parzelle; ein Waschsalon ist auch vorhanden. Die neue Anlage am Innsbrucker Flughafen ist etwas Besonderes. Am Fürstenweg ist der Gärtner sein eigener Herr. Die Parzellen werden von ihren Besitzern nicht gepachtet, sondern gekauft. Rund 51.000 Euro für 125 Quadratmeter plus Parkplatz. Dafür kann jeder mit seinem Garten machen, was er will, so lange er will. Die Fläche gehört ihm, und niemand kann ihn von seiner Scholle vertreiben. Blumen sind nur wenige zu sehen. Der eine hat aufgrund von Trampolin und Schwimmbad kaum Platz dafür. Der andere zäunt seinen Garten zwei Meter hoch mit grünem Sichtschutz ein – nur das Dach der Hütte lugt hervor. Die anderen stört es nicht. Sie sind genug mit der Gestaltung ihres eigenen Paradieses beschäftigt.

SCHWEIZ

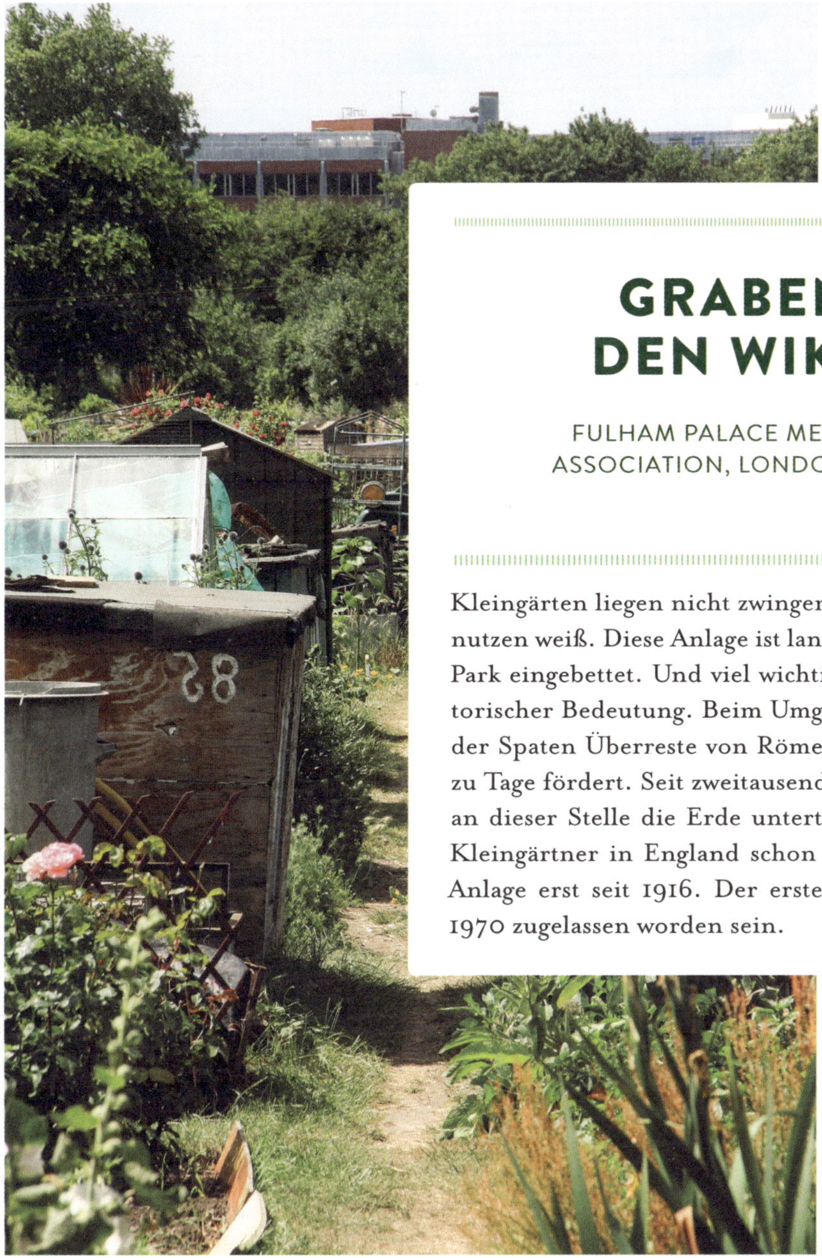

GRABEN NACH DEN WIKINGERN

FULHAM PALACE MEADOWS ALLOTMENTS ASSOCIATION, LONDON, GROSSBRITANNIEN

Kleingärten liegen nicht zwingend auf Land, das keiner anders zu nutzen weiß. Diese Anlage ist landschaftlich wunderschön in einen Park eingebettet. Und viel wichtiger noch: Der Boden ist von historischer Bedeutung. Beim Umgraben kann es gut passieren, dass der Spaten Überreste von Römern, Angelsachsen und Wikingern zu Tage fördert. Seit zweitausend Jahren sollen sich die Menschen an dieser Stelle die Erde untertan gemacht haben. Obgleich die Kleingärtner in England schon früh zuhause waren, besteht die Anlage erst seit 1916. Der erste weibliche Pächter soll dort erst 1970 zugelassen worden sein.

FRANKREICH

DIE GROSSBÄUERIN

TOMTEBO ODLAR FÖRENING,
UMEÅ, SCHWEDEN

»Man kann sich draußen verlustieren, ohne dass einem dabei jemand über die Schulter schaut.« Für die fünfundvierzigjährige Universitätsangestellte ist ihr Garten ein Stück Freiheit. Was sie als verlustieren bezeichnet, nennen andere harte Arbeit. Seit rund zehn Jahren beackert sie ihre Parzelle. Die Freude daran ist so groß, dass mit der Zeit eine zweite Parzelle und ein halbes Gewächshaus beim Nachbarn dazukamen. Für ihre selbstgezogenen Kartoffeln, Karotten, Pastinaken, Erdbeeren, Johannisbeeren und andere Gemüse- und Fruchtsorten kaufte sie sich extra eine Gefriertruhe. Trotzdem: »Im Herbst muss man ein bisschen schneller essen als sonst.« Ihren Freunden preist sie sich als Großbäuerin an, dabei sind diesem Ansinnen Grenzen gesetzt. Mehr als zweihundert Quadratmeter gewährt der Verein einzelnen Mitgliedern nicht. Schließlich gibt es eine Warteliste für die Gärten.

City of Santa Monica
PUBLIC IS WELCOME TO VIEW GARDENS
PLEASE RESPECT THE RIGHTS & LABORS
OF THE GARDENERS & DO NOT PICK
THE FLOWERS OR TAKE PRODUCE FROM
OF THE GARDEN PLOTS WITHOUT
EXPRESS PERMISSION.

Neilson Way

USA

Caramel
Iced Latte
$2.29
Tim Hortons
PATTISON
Community
Garden

KANADA

70

WER IST DER DEUTSCHE KLEINGÄRTNER?

Kleingärtner werden oft als Spießer angesehen. Der Gartenzwerg ist obligatorisch, der Rasen wird mit der Nagelschere gepflegt, an lauen Sommerabenden dient die Laube dem Vergnügen junger Liebespaare, und der Zaun schützt vor fremden Blicken. Ein anderes Vorurteil: Kleingärtner sind arme Spießer. Sie sind verschlossen, eigensinnig, zugleich niedlich und werden häufig belächelt. Um sie ist es finanziell schlecht bestellt. Sie können sich kein Haus mit Garten und keinen Urlaub leisten. Sie sind vielleicht sogar gezwungen, Gemüse anzubauen, um zu überleben.

Wer sind diese Millionen Parzellenbesitzer wirklich, und warum haben sie ihren Garten? Kolonien sind meist der Öffentlichkeit zugänglich. Jeder Interessierte hat die Gelegenheit, seine Vorurteile zu überprüfen. Kleingärtner sind organisiert. Auf Vereins-, Bezirks-, Landes- und Bundesebene wird gegen das mit Vorurteilen belastete Image angegangen. Erfolgreich scheint der Kampf nur bei den ohnehin Interessierten. Wie immer.

DIE FAKTEN

- Rund 1 Million Kleingärten gibt es in Deutschland.
- Die Kleingärten nehmen in Deutschland eine Fläche von rund 46.000 Hektar (460 km^2) ein, das sind 0,25 Prozent der landwirtschaftlichen Nutzfläche in Deutschland.
- Rund 1 Million Pächter sind allein unter dem Dach des Bundesverbandes Deutscher Gartenfreunde (BDG) in 15.000 Vereinen organisiert.
- Weitere 80.000 Pächter sind in Deutschland vor allem für Bahnreisende sichtbar. Diese Gärten der Bahn sind unter dem Dach der Bahn-Landwirtschaft e.V. organisiert.
- Ein durchschnittlicher Kleingarten inklusive Strom und Wasser kostet ungefähr 1 Euro am Tag. Denn zu den 276 Euro Pacht im Jahr kommen meist noch 90 Euro für Samen, Pflanzen, Geräte und Möbel hinzu.
- Ungefähr die Hälfte aller Kleingärtner besucht ihren Garten täglich, nur wenige besuchen ihn seltener als einmal die Woche.
- Ein Kleingarten ist im Durchschnitt 370 m^2 groß, rechnerisch sogar 438 m^2 abzüglich der Gemeinschaftsflächen in der Kleingartenanlage (Wege, Vereinsheim, ...).
- Größter Verein im BDG ist der »Verein der Kleingärtner Ulm e.V.« in Ulm, gegründet 1932. Er hat eine Fläche von 53,1 ha und 1315 Parzellen.
- Kleinster Verein im BDG ist der Kleingärtnerverein »Am Vogelberg« im sächsischen Kamenz mit lediglich 5 Parzellen.
- Der durchschnittliche deutsche Kleingärtner ist 60 Jahre alt.
- Die stärkste Altersgruppe, ein Drittel aller Kleingärtner, ist die zwischen 65 und 75 Jahren. Durch den Gewinn jüngerer Pächter ist der Alterungsprozess langsamer geworden. Er stieg die letzten 10 Jahre nur um 4 Prozent an. Unter den Neuverpachtungen der letzten 5 Jahre lag der Anteil von jungen Familien mit Kindern bei 45 Prozent.

- Ein Zehntel der Kleingärten sind an Migranten verpachtet.

- Leitungsaufgaben bzw. Funktionen in höheren Ebenen (Landesvorsitzende, Präsidenten) sind immer noch eine Männerdomäne. Es gibt in den im BDG organisierten Landesverbänden derzeit nur eine Vorsitzende (LV Hessen), aber inzwischen viele Fachberaterinnen, Vereinsvorsitzende und Schatzmeisterinnen auf allen anderen Organisationsebenen.

- Kleingärtner führen überwiegend 2-Personen-Haushalte und leben in einer gemieteten Wohnung (in den alten Bundesländern zu 75 Prozent, in den neuen zu 92 Prozent). Damit ist der Mieteranteil unter Kleingärtnern wesentlich höher als in der deutschen Gesamtbevölkerung.

- Bundesweit haben 20 Prozent der Kleingärtner einen Hoch- oder Fachschulabschluss. Zwei Drittel haben eine abgeschlossene Berufsausbildung. Nur 7 Prozent können keine Ausbildung vorweisen.

- Der Großteil der Kleingärtner ist der mittleren Einkommensschicht mit einem Haushaltseinkommen zwischen 875 Euro und 1.750 Euro zuzuordnen.

- Pächter der Kleingärten sind hauptsächlich junge Familien mit Kindern, Angehörige der unteren Einkommensschichten, Arbeitslose und (Früh-)Rentner. Dies findet Ausdruck darin, dass der Gesetzgeber die Pacht durch das Bundeskleingartengesetz deckelt: »Als Pacht darf höchstens der vierfache Betrag der ortsüblichen Pacht im erwerbsmäßigen Obst- und Gemüseanbau, bezogen auf die Gesamtfläche der Kleingartenanlage, verlangt werden. Die auf die gemeinschaftlichen Einrichtungen entfallenden Flächen werden bei der Ermittlung der Pacht für den einzelnen Kleingarten anteilig berücksichtigt. Liegen ortsübliche Pachtbeträge im erwerbsmäßigen Obst- und Gemüseanbau nicht vor, so ist die entsprechende Pacht in einer vergleichbaren Gemeinde als Bemessungsgrundlage zugrunde zu legen. Ortsüblich im erwerbsmäßigen Obst- und Gemüseanbau ist die in der Gemeinde durchschnittlich gezahlte Pacht«, BKleingG, § 5, Absatz 1.

— Gartenfreunde sind oft keine armen Schlucker. Heute braucht man eine gewisse Finanzstärke, um sich einen Kleingarten leisten zu können. Das liegt nicht unbedingt an der Pacht, die oft nur einen geringen Teil der Kosten ausmacht. Die Neben- und Anschaffungskosten diverser Geräte, Gewächse etc. sind nicht zu unterschätzen. Auch die Ablösekosten für eine Parzelle stellen in vielen Fällen ein großes Hindernis dar. In den letzten Jahren lagen sie zwischen 5.000,– Euro und 10.000,– Euro und höher. Der Preis richtet sich nach dem Wert der Pflanzen und der Laube. Die Lauben entsprechen heute oft dem Standard eines Wochenendhäuschens mit eigenem Strom- und Wasseranschluss, Dusche, WC, Einbauküche, Keller und Fernseher mit Satellitenanschluss. Doch gibt es in jedem Verein einen Wertermittler und Wertermittlungsrichtlinien, damit aus der Weitergabe eines Kleingartens kein Geschäft mit Luxussanierung und Gewinnmaximierung werden kann.

— Da das Gemüse bei Discountern heute oft billiger zu beziehen ist, als es selber anzupflanzen, und der Boden der Kleingärten ohnehin oft mit Schadstoffen versetzt ist, ist der Erholungswert des Kleingartens in den Vordergrund gerückt.

— Trotz ihres Rufs und aller Nebenkosten erleben Kleingärten gerade ihre Renaissance. Lange hatten die Vereine Nachwuchsprobleme und litten unter Überalterung. Jetzt hat ein Generationenwechsel eingesetzt. Zahlreiche Tage der offenen Tür, der Tag des Gartens und der Öffentlichkeit zugängliche Vereinsgaststätten sollten für Akzeptanz in der Gesellschaft und um potenziell nachfolgende Gartenfreunde werben. Die Kampagnen der Verbände haben gefruchtet. Junge Familien zieht es in Scharen in die Vereine. Die Wartelisten sind oftmals lang. Gerade in Metropolen mit hoher Nachfrage und begehrten Anlagen wie in München oder Berlin kann die Wartezeit bis zu drei Jahre betragen. Hier kommen die Vereine aber ihrer Sozialpflicht nach und vergeben Gärten an Familien mit Kindern bevorzugt – unabhängig vom Rang auf der Warteliste.

HISTORISCHES

Wer die Kleingärten und die Vorurteile darüber begreifen will, sollte diese historische Einführung nicht verpassen. Das deutsche Kleingartenwesen hat mehrere Ursprünge, aus denen sich die heutigen Voreingenommenheiten speisen. Schon mal vorweg: Unter den ersten Kleingärtnern waren tatsächlich die Ärmsten der Armen, die schwer schaffenden Arbeiter, und auch der obligatorische Zaun ließ in der Geschichte nicht lange auf sich warten.

Obgleich diese Vorurteile längst überholt sind, konnten wir auf unserer Reise feststellen, dass es für den Kleingärtner und bildungsbewussten Bürger doch von ungemeiner Bedeutung ist zu wissen, wie die Kleingärten entstanden. Im Folgenden werden die verschiedenen historischen Strömungen innerhalb des deutschen Kleingartenwesens beschrieben, denn ursprünglich sind Schrebergärtner nicht gleich Laubenpieper.

Der Grundstein des organisierten Kleingartenwesens in Deutschland wurde am 28. April 1814 in Kappeln an der Schlei gelegt. An diesem Ort im heutigen Schleswig-Holstein gründete ein Pastor den ersten deutschen Kleingärtnerverein, mit allem, was dazugehört: Pacht, gewählter Vorstand und Gartenordnung.

Einige Jahre zuvor hatte Landgraf Carl von Hessen (1744–1836), dänischer Statthalter Schleswig-Holsteins, dort bereits begonnen, Gartenland an arme Bürger zu verpachten. Er forderte andere Städte auf, seinem Beispiel zu folgen. Hessen war der Meinung, Geldzuwendungen seien entmutigend, und der Müßiggang, also zu viel Freizeit, könne üble Folgen haben. Sein Rezept: gesunde Ernährung und Arbeit an der frischen Luft. Das, so fand er, täte den Menschen gut und bekräftige ihr Interesse an der Fortdauer der bestehenden Ordnung. Die Armengärten waren geboren. Lange sollte es sie nicht geben. Die meisten Armengärten überlebten das 19. und 20. Jahrhundert nicht. Mit der Industrialisierung verkauften die Städte den Grund als Bauland.

Im Wesentlichen arbeitete die Industrialisierung aber nicht gegen, sondern für das Kleingartenwesen. In Sachsen entstanden Mitte des 19. Jahrhunderts eine ganze Reihe von Kleingärten. Die Fabriken in der Region brummten, in den Städten wurde gebaut: Die Grünflächen verschwanden, die

Kinder hingen auf der Straße herum und bewegten sich wenig, die Luft war schlecht und die Ernährung mangelhaft. So kam die sogenannte Naturheilbewegung ins Rollen – und der Name Schreber ins Spiel.

Daniel Gottlob Moritz Schreber (1808–1861) war weder Gärtner noch Bürgermeister, noch Agrarminister, wie so oft vermutet. Schreber war Orthopäde und führte Krankengymnastik und Mädchensport an deutschen Schulen ein. Dass die Gärten nach ihm benannt wurden, ist Zufall. Gleichzeitig wie »Turnvater Jahn«, Sebastian Kneipp und Vinzenz Prießnitz erkannte er die Gefahren der Industrialisierung für die Gesundheit der Bevölkerung. Luft, Wasser, gesunde Ernährung und Bewegung sollten Krankheiten und der frühen Sterblichkeit entgegenwirken. Schreber wollte einen Spielplatz für die Kinder. Erst nach seinem Tod wurde dieser Traum wahr.

1864 gründeten Lehrer und Eltern in Leipzig einen »Schreberverein«, der ein Stück Land von der Stadt pachtete. Zur Zierde durften die Kinder am Rand der Spielwiese kleine Beete pflanzen. Mit der Zeit wurden diese größer, es wurden Zäune gebaut, um die Pflanzen vor den spielenden Kindern zu schützen, und Lauben errichtet, um das Werkzeug unterzubringen. So entstanden einzelne Parzellen. Dass der Schrebergarten zum Synonym für Kleingärten wurde, lag an den engagierten Vereinsmitgliedern, die dort keine eigene Parzelle hatten: Sie hielten Vorträge, verfassten Schriften und trugen die Idee in die Welt hinaus.

Wenig später wurden Gärten in Berlin gegründet: Arbeitergärten. Die Gesundheit spielte in diesem Fall keine Rolle. Im Jahr 1871 wurde Berlin zur Hauptstadt des Deutschen Reichs. Arbeiter aus dem Umland zogen in die junge Metropole, um an deren Aufbau mitzuwirken und zu verdienen. Mangels Wohnraum waren viele gezwungen, sich vor den Toren der Stadt niederzulassen. Ein Großteil der Berliner Laubenkolonien begann als das, was man heute »Slum« nennt. Um die Zugezogenen im Zaum zu halten, setzten die Grundstückseigner Zwischenpächter ein. Diese legten Zäune und Wege an. Pacht konnten sich die Laubenkolonisten nicht leisten, also gründeten die Zwischenpächter Gaststätten und verpflichteten ihre Untergebenen dort zum Alkoholkonsum. Unter Androhung von Pachtentzug wurde dieses Soll erfüllt. Gewaltausbrüche unter dem Einfluss des Alkohols und daraufhin notwendige Polizeieinsätze verschafften den sogenannten Laubenpiepern einen schlechten Ruf.

Einige Jahre später trat wieder die Gesundheit als Gründungsmotiv hervor. Ebenfalls in Berlin wurde um 1901 das Rote Kreuz aktiv. Tuberkulosekranke Arbeiter bekamen Gärten zur Rehabilitation zur Verfügung gestellt. Um sich von den anderen, in Verruf geratenen Berliner Kleingärten abzusetzen, mussten die Pächter dem Alkohol entsagen und dem Kaiser die Treue schwören. Die Initiatoren, Damen aus dem gehobenen Berliner Bürgertum, gönnten den Arbeitern die Rehabilitation. Insgeheim hofften sie jedoch, wie bereits Landgraf Carl von Hessen, damit das Interesse an der Fortdauer der bestehenden Ordnung beflügeln zu können.

Ab 1890 entstanden in ganz Deutschland Betriebs- und Fabrikgärten, die ein ähnliches Ziel verfolgten. Betriebe verpachteten überschüssiges oder für sie nicht nutzbares Land an ihre Mitarbeiter und versuchten damit, das Personal an den Betrieb zu binden und es mit dem Arbeitgeber und der Gesellschaft zu versöhnen. Die Gärten sollten die Motivation stärken, gut zu arbeiten und sich ordentlich zu verhalten.

So erkannten auch die Preußisch-Hessische Staatseisenbahn und später die Reichsbahn den Wert von Kleingärten. Die Dampflok, das Wahrzeichen der Industrialisierung, verhinderte aufgrund des Funkenflugs eine Bebauung entlang der Gleise. Die Pflanzen entlang des rapide wachsenden Schienennetzes wucherten hoch. Und die Bahn verstand es zu sparen: Sie stellte keine neuen Leute ein, um den Wildwuchs einzudämmen. Stattdessen stellte die Bahn ihren Mitarbeitern Land zur Verfügung, um Gemüse anzubauen und Tiere zu halten. Das Resultat waren zufriedene Mitarbeiter, geringe Löhne und das Einsparen von zusätzlichen Gehältern. Noch heute ist die Deutsche Bahn der größte Verpächter von Kleingärten in Deutschland (80.000), auch wenn seit der Privatisierung Land verkauft wird. Inzwischen sind die Gärten der Bahn-Landwirtschaft e.V. auch offen für Nicht-Mitarbeiter, doch die Warteliste ist lang – wie überall.

Heute dienen Kleingärten längst nicht mehr der Versorgung. Sie sind ein Freizeitangebot. Als die Verpächter in der Bundesrepublik dies in den 1950er- und 1960er-Jahren feststellten, wollten sie die Pacht anheben. 1979 brachten die Grundeigner ihr Anliegen vor das Bundesverfassungsgericht. Das

Resultat: Seit 1983 gibt es das Bundeskleingartengesetz. Es garantiert den Pächtern Kündigungsschutz und eine günstige Pacht – sofern sie die Regeln des Gesetzes achten.

Insgesamt gibt es in Deutschland derzeit rund 1 Million Kleingärten. Sie bedecken eine Fläche von 46.640 Hektar und werden von rund 5 Millionen Menschen intensiv genutzt.

Doch damit nicht genug. Das Kleingartenwesen hat eine neue Dimension erreicht – die unorganisierte, die jenseits der Vereine. Und damit sind wir wieder ein bisschen bei den Ursprüngen der Kleingärten. »Urban Gardening« heißt der neue Trend in den Städten Deutschlands und der Welt. Der entscheidende Unterschied zwischen heute und damals: Es sind nicht die Not oder der Hunger, die Menschen in der westlichen Welt antreiben, wenn sie auf einem kleinen Stück verwahrlostem Grün vor ihrer städtischen Haustür ein Beet anlegen. Es geht nicht um Selbstversorgung, es geht um Dekoration und ein bisschen auch um Aufsässigkeit. Der Drang nach Freiheit, der Wille, etwas selbst zu gestalten, etwas selbst in die Hand zu nehmen, motiviert die Menschen, Beete anzulegen und Blumensamen zu verstreuen. Zudem sind die Wartelisten für einen Kleingarten im Verein oft lang und junge Erwachsene heutzutage oft geneigt, den unkomplizierten, schnellen Weg zu gehen und die Mitgliedschaft im Verein zu meiden. Die Städte profitieren von dem kostenlosen Arbeitseinsatz, es macht sie bunter. Radieschen auf Verkehrsinseln werden uns künftig gewiss häufiger begegnen.

ZU GUTER LETZT

Wir können jedem mit bestem Gewissen raten, einmal einen Ausflug in eine Kleingartenanlage zu unternehmen. Die meisten sind öffentlich zugänglich, viele haben eigene Vereinsgaststätten oder Biergärten und veranstalten im Sommer Feste, die auch von Außenstehenden besucht werden dürfen. Wir haben die kleinen lustigen Gärten für uns entdeckt. Viele Vorurteile haben sich bestätigt, viele haben sich erklärt, und manche wurden widerlegt. Uns hat es Spaß gemacht, und unsere Gastgeber hatten ihre Freude dabei. Leider sind Kleingartenanlagen nicht gänzlich davor gefeit, aufgelöst zu werden. Das kann auch den ein oder anderen Garten in diesem Buch treffen. Um jeden einzelnen ist es schade.

ANHANG

QUELLEN

Bundeskleingartengesetz (BKleingG), Ausfertigungsdatum: 28.02.1983.

Bundesgerichtshof, Urteil des III. Zivilsenats vom 17.6.2004, III ZR 281/03.

Bundesverband Deutscher Gartenfreunde, 2013.

Bundesministerium für Verkehr, Bau und Stadtentwicklung, 2008.

Der Duden in 10 Bänden, Bd. 10, Bibliographisches Institut, Mannheim/Leipzig/Wien/Zürich, 2. Auflage, 1985.

Der kleine Wahrig, Wörterbuch der deutschen Sprache, Bertelsmann Lexikon Institut, Gütersloh/München 2007.

Informationsbroschüre des Office International du Coin de Terre et des Jardins Familiaux a.s.b.l., 2004.

Meyers Großes Taschenlexikon in 24 Bänden, B.I. Taschenbuchverlag, Mannheim/Leipzig/Wien/Zürich, 4. Auflage, 1992.

Katsch, Günter/Schwendler, Gerhild: Der Schreberverein und der Verband Leipziger Schrebervereine 1864–1922 – Bilder und Dokumente, Hrsg. »Deutsches Kleingärtnermuseum in Leipzig«, Wissenschaftliche Schriften, Heft 9, Leipzig 2004.

Katsch, Günter/Walz, Johann B.: Kleingärten und Kleingärtner im 19. und 20. Jahrhundert – Bilder und Dokumente, Hrsg. »Bundesverband Deutscher Gartenfreunde«, Leipzig, 4. Auflage, 2001.

Warnecke, Peter/Filmmuseum Potsdam (Hrsg.): Laube, Liebe, Hoffnung (Kleingartengeschichte), Berlin 2001.

Weinert, Erich: Gesammelte Gedichte, hrsg. v. Akademie der Künste der DDR, unter Mitarbeit von Li Weinert, Bruno Kaiser, Walter Schulz, Band 4: Gedichte 1930–1933, Berlin 1973.

Abdruckgenehmigung

DANK

Von Beginn unserer Recherchen bis zur Veröffentlichung dieses Buches haben wir zahlreiche Hilfestellungen und Anregungen erhalten. Ausdrücklich bedanken möchten wir uns bei Maja und Carsten Glose, Bodo v. Hodenberg, Andrew Jack, Cornelia Pflüger, Massimo Mercuriali, Virginie Pässler, Franziska Scarisbrick, Jörg Solzbacher, Christoph Walz, Felix-Michael Weber, Sarah v. Weitershausen und Kristina Wilhelm sowie beim Deutschen Kleingärtnermuseum und dem Bundesverband Deutscher Gartenfreunde.

ÜBER DIE AUTORINNEN

Dass es in Deutschland viele Schrebergärten gibt, war uns klar. Eine einsame Laube in den Schweizer Bergen, mitten auf einer Skipiste, hat uns überrascht. Bald entdeckten wir in Österreich entlang der Donau Kleingärten, und tatsächlich erwischten wir jemanden, der seinen Rasen mit der Nagelschere trimmte.

Zu diesem Zeitpunkt begannen wir, eine Journalistin und eine Designerin, gezielt nach Gartenkolonien Ausschau zu halten. Wir wollten das Phänomen des Kleingartens begreifen lernen. Zu unserer Überraschung waren die Gartenfreunde nicht verschlossen und eigenbrötlerisch. Im Gegenteil. Einige luden uns spontan zum Grillen ein. Stolz baten sie uns, einen Blick in ihre Laube zu werfen. So zogen wir unsere Kreise immer weiter. Schließlich entstand dieses Buch über Kleingärten aus verschiedenen Teilen der Welt.

Victoria Strachwitz ist für die Texte und die Fotos des Buches verantwortlich. In Berlin und London studierte sie Publizistik- und Kommunikationswissenschaften sowie Geschichte und Politik. Heute arbeitet sie als Journalistin für den »Münchner Merkur«. Darüber hinaus hat sie verschiedene Bücher über Politik und Gesellschaft verfasst. Fotografie ist eine ihrer Leidenschaften. Sie lebt in München.

Angelika Ziebart ist für das Buch-Layout und die Fotos verantwortlich. Sie studierte an der Hochschule für Gestaltung in Schwäbisch Gmünd Design und Designmanagement und wirkte für die Peter Schmidt Group am mehrfach ausgezeichneten Corporate Design der Linde AG mit. Heute ist sie als freiberufliche Gestalterin in München tätig. Ihre Leidenschaft gilt der Darstellung gesellschaftlicher Phänomene.

Originalausgabe

Lektorat: Daniela Jarzynka
Gesamtgestaltung: fuxbux, Berlin
Umschlagmotive: Victoria Strachwitz / Angelika Ziebart
Gesetzt aus der Brandon Text und der Mrs Eaves
Druck und Einband: G. Canale & C. S. p. A Borgaro Torinese (Turin)

Printed in Italy
ISBN 978-3-86995-069-3

5 4 3 2 1

Sie finden uns im Internet unter www.quadrigaverlag.de
Bitte beachten Sie auch www.luebbe.de

Ein verlagsneues Buch kostet in Deutschland und Österreich jeweils überall dasselbe. Damit die kulturelle Vielfalt erhalten und für die Leser bezahlbar bleibt, gibt es die *gesetzliche Buchpreisbindung*. Ob im Internet, in der Großbuchhandlung, beim lokalen Buchhändler, im Dorf oder in der Großstadt – überall bekommen Sie Ihre verlagsneuen Bücher zum selben Preis.

Am Schloßweg **AUF DER KUHLE** Bergmannsruh Crengeldanzgraben **IM RAUHEN HOLZ** Kortental
e Arbeit Im Massbruch Gildenpark Heideblick **LÖTTRINGHAUSEN** Schnettkerbrücke Zur Quelle Kap
Werbellinbecken **HELIOS** Wasserwiese Riem Wiesengrund Märchenland Kupferberg **AB**
nheim Lackenbach Am Anger Baums Garten **AM MÜHLENBACH** Eintracht Hirschgrund Brückelg
elwiese **REHBERGE** SO 59 NO 26 NO 53 NW 63 Große Dahlkamp Familienwohl Engelsburg
Elsterwehr Hinter dem Loh Fröhliche Morgensonne Otto Hue Am Oelpfad **MENAGERIEGÄRTEN** Am Weideneck
Fließwinkel Stadion **PILATUS KALL** An der Schule Grüne Aue An den Steegen Schloßgarte
HERNE-NORD Kaulsdorfer See Wuhleblick Kressenweg Grönland Mühlengrund Am Schatzenstein
Am Schultenweg Kolonie Einigkeit Freundschaft Arbeit und Freude Margaretenhohe-Nord **KLEEFELD**
enhorst Cracauer Anger Hafenwiese Am Nattbach Eckersbacher Höhe Lichte Höhe Jeschkenblick K
Am Oelpfad Grüner Winkel Östliche Kolonie Gronsdorf Am Leonhardiweg Am Jagdweg Nieder- und I
ankepark Kühwasen Kraut & Rüben In der Hoffnung Naturheilverein **GRÜNER GRUND** Pfannenstiel Am Flödc
Heinrich Zille Gottesstiege Am Ginnheimer Wäldchen Am Kienberg Wuhletal Hermannsruh Rolle Rad
Am Gasometer Beuler Bach Burgloch **WINDBERG** Am Weiher An der Dammstraße Am Westfriedhof
nhorst Volmeburg Bismarckhain Märkische Aue Kapellenberg Am Kanal Neue Heimat Wiesenhöhe
Batzenhäusle **ENTENSCHNABEL** Brüningswiese Am Paffentörchen An den Steinen Stadtpark Sonnenhang
tein Louisenlust Neue Niers Zinsgraben II Am Bettelpfad **TOGO** Eggeblick Kraut und Rüben Braunata
Waldesruh Am Pfaffentörchen Am Pöhlberg West Naturheilverein Abendfriede Harz und Heide Neue Ni
PARADIES Einigkeit Schinderbronnen Holunderbusch Bergstädter Berggarten **WEINACKER** Stünzer
onnenblick Bolmketal Oberspree **AM FREIBAD** Birker Hof Rosental Rettelmühle Im Kinkel
s Wäldchen Schwarzbach Pilatus Kall Seere Ammermühle Familienglück Unstruttal Kaulsdorfer Busch
Keesburg Märkische Aue Wohlfahrt Am Volkspark Prenzlauer Berg **BERG UND TAL** Am Schmarlteich K
chreber **AM SCHLOSSWEG** Auf der Kuhle Bergmannsruh Crengeldanzgraben Im rauhen Holz Kortental Mart
Gildenpark Heideblick Löttringhausen Schnettkerbrücke Zur Quelle Kapellenweg Holunderbusch
Wasserwiese Riem Wiesengrund Märchenland Kupferberg **ABENDRUH** Veilchen Herrenhorst 1988 Al
nbach Eintracht **HIRSCHGRUND** Brückelgraben Erholung Mörswiese Oedheim Am Russengrab Gute
Dahlkamp Familienwohl Engelsburg Neckaraue In der Gabel Vogelsang Am Hundehof Zinsgraben II **G**
ÄRTEN Am Weideneck Sonnenthal Krähenbusch Kaltbachtal Sonnenschein Am Güterring Stelzenbau
Schloßgarten Schöne Aussicht Schortental Tanneck An der Dranse Am Wiesensee Erholung Reihergrund
Am Walpertal »Freude« von 1922 Am Schultenweg Kolonie Einigkei
Vor St. Gereon Neues Leben **MÖWENHORST** Cracauer Anger Hafenwiese
Bau Waldwinkel Grüner Winkel Östliche Kolonie Gronsdorf A
er Kraft Am Pankepark **KÜHWASEN** Naturheilverein **GRÜNER GRUND**
AM STORCHENNEST Heinrich Zille Gottesstiege Am Ginnheimer Wäldchen Am Kienberg Wuhletal Hermannsru
Am Gasometer Beuler Bach Burgloch Windberg Am Weiher An der Dammstraße Am Westfriedhof Elden
burg Bismarckhain Märkische Aue Kapellenberg Am Kanal Neue Heimat **WIESENHÖHE** Alte Ziegelei O
Am Paffentörchen An den Steinen Stadtpark **SONNENHANG** Aufbruch Hansa Birkenhain Klarhorst Welle

Die verborgenen Paradiese der Kleingärtner